Le Problème Yougo-Slave et la Paix de l'Europe

CONFÉRENCE

faite le 13 Mai 1919, à la R.˙.L.˙. "Cosmos" (G.˙.L.˙.D.˙.F.˙.

par

M. Mil. R. VESNITCH

Ministre plénipotentiaire
Membre de la Cour permanente d'Arbitrage, Ancien Vice-Président
de l'Institut de Droit International

PARIS
L'ÉMANCIPATRICE (Imprimerie Coopérative)
3, Rue de Pondichéry, 3
—
1919

Le Problème Yougo-Slave et la Paix de l'Europe

CONFÉRENCE

faite le 13 Mai 1919, à la R.·. L.·. " Cosmos " (G.·. L.·. D.·. F.·.

par

M. Mil. R. VESNITCH

Ministre plénipotentiaire
Membre de la Cour permanente d'Arbitrage, Ancien Vice-Président
de l'Institut de Droit International

PARIS
L'ÉMANCIPATRICE (IMPRIMERIE COOPÉRATIVE)
3, Rue de Pondichéry, 3
—
1919

Le Problème Yougo-Slave et la Paix de l'Europe

Messieurs,

C'est pour moi un grand honneur et un véritable plaisir d'avoir l'occasion de vous exposer le cas du peuple Serbo-Croato-Slovène, au moment où les destinées du monde se décident. Je suis pour vous un profane, mais dans la Maçonnerie je vois depuis longtemps une organisation qui, à travers l'espace, a toujours été un apôtre du droit et de la justice, et qui s'est loyalement employé à les défendre partout où ils étaient en danger. Pour ces raisons, je suis très heureux de me trouver parmi vous. Si des Français, doublés de Maçons, ne me comprenaient pas, notre cause serait condamnée d'avance. Souffrez donc que je la mette devant vous en grandes lignes et, croyez-le, moi je m'efforcerai de le faire dans un esprit aussi impartial que possible et en vue d'un intérêt général aussi bien que dans celui de mon peuple.

⁂

Là, où vous nous voyez sur la carte géographique, nous y sommes depuis quatorze siècles, et dès le premier jour nous avons eu à combattre avec toute notre énergie, pour notre exisence. Nous y avons été serrés comme entre le marteau et l'enclume dans la première époque entre Rome et Byzance, la première a été bientôt remplacée par les Germains et la seconde par les Turcs, ce qui n'a, comme vous le comprenez bien, qu'empiré notre situation.

Ne se contentant pas de nous attaquer à chaque occasion à leur convenance, nos ennemis de Berlin et de Vienne n'ont jamais manqué l'occasion de nous noircir aux yeux du monde civilisé. Ils l'ont fait surtout depuis que, définitivement, ils avaient arrêté leur programme de conquêtes vers l'Orient, leur fameux « Drang Nach Osten ».

Je ne vous apprendrai rien de neuf en constatant, en ce moment, que le point de départ de la guerre qui a embrasé l'univers, a été justement leur crainte de voir, après nos succès dans les deux guerres balkaniques, se créer un rempart infranchissable contre leur ruée vers Salonique-Constantinople, vers l'Asie-Mineure et vers la domination du monde.

Quoique à trois noms, nous n'avons jamais cessé d'être une seule nation, nous parlons la même langue, dont les dialectes ne diffèrent plus que les différents dialectes en France, ou en Italie. Au point de vue religieux, nous sommes des orthodoxes, des catholiques, des musulmans, des protestants et des israëlites. Cette différence de religion n'a pourtant jamais été une source de division. Le sentiment national s'est élevé chez nous toujours au-dessus du sentiment religieux. De l'âme de notre peuple est sorti le dicton : « Le frère est cher à quelque religion qu'il appartienne. ». Et jamais, dans notre vie publique, le côté religieux n'a joué un rôle important, sinon dans nos luttes séculaires contre les Osmanlis.

Quand l'Autriche-Hongrie, une vieille monarchie de 52 millions, s'est jetée sur nous, un jeune État à peine sorti de deux guerres et n'atteignant pas même 5 millions d'habitants, et que ses troupes, sous le commandement du maréchal Potiorek, s'étaient avancées jusqu'au cœur même de notre pays ; au moment même où notre situation militaire était la plus désespérée, le Gouvernement et le Parlement serbes ont proclamé hautement à Nisch — notre Bordeaux — que le but de notre lutte, en ce moment tragique, était pour nous la libération définitive et l'union indissoluble de nos frères de race qui gémissaient encore sous le joug autrichien, dans un état libre et démocratique. Et vous vous rappelez comme cette proclamation avait électrisé notre armée, vous n'avez pas oublié, j'en suis sûr, l'arrivée dans nos tranchées de notre vieux roi — un ancien officier de votre armée — et le magnifique élan avec lequel les féroces Autrichiens ont été repoussés au delà de la Save et du Danube, après avoir laissé, dans nos mains, plus de 60,000 prisonniers et tout leur matériel de guerre. N'ayant pas pu supporter à la longue cette honte, François-Joseph a appelé à son secours Guillaume II, après s'être assuré la complicité de Ferdinand de Cobourg et, j'ai à peine besoin d'invoquer dans votre mémoire la ruée sans pareille qui s'est jetée sur notre pays et sur notre armée exténuée, et dans laquelle les Allemands, les Magyars et les Bulgares ont rivalisé en barbarie et en brutalité. Vous n'avez pas oublié non plus notre retraite à travers les neiges et les ravins de l'Albanie, retraite qui, en horreur, dépasse tout ce que les hommes aient vu jusqu'à nos jours, tout, même ce que la plus vive imagination pourrait entrevoir.

La lutte a été dure. Mais vous nous rendrez cette justice, que nous n'avons fléchi à un seul moment dans notre résolution de la mener jusqu'au bout. Comme de notre côté, nous n'oublierons pas que c'est, en premier lieu, à la France, que tous nous devons la victoire.

La tâche de plaider notre cause, devant vous en ce moment-ci, se complique et devient plus difficile par le fait que tout le monde cherche à créer un état de choses plus durable. On a l'ambition d'arriver à une paix qui serait à même de survivre à toutes les prévisions les plus pessimistes. A ce point de vue, on fonde de grands espoirs sur la Société des Nations. Autant cette nouvelle création est de nature à répondre à un but idéal de l'humanité, autant elle présentera de garanties sérieuses pour le maintien de l'ordre et de la paix dans le monde, autant, en même temps, elle impose le devoir à toutes les nations, de bien la regarder de près avant d'y entrer.

Les peuples conscients de leurs intérêts et de leurs devoirs ne peuvent s'y aventurer qu'avec l'espoir d'y être contents, sinon heureux. J'ai peur que nous autres, ne serons pas des membres utiles dans cette nouvelle organisation, si nous y entrons le cœur ulcéré par le dépècement de notre peuple sur différents fronts, et il n'y a pas de famille heureuse dont les membres sont raisonnablement mécontents. Notre crainte et nos scrupules sont causés par la complexité de la guerre actuelle elle-même, et surtout par l'opposition des grands principes au nom desquels celle-ci a été faite. Aux premiers temps, la situation était claire, les Alliés avaient proclamé qu'ils luttaient contre l'esprit de domination et de militarisme des puissances centrales, et pour la liberté des peuples aussi bien que pour la justice dans le monde. Les Etats-Unis d'Amérique ont accepté ce programme en l'accentuant aussi nettement que possible, et en proclamant, pour ainsi dire, un nouvel évangile pour les rapports réciproques des nations entre elles. Ce magnifique programme a été pourtant faussé par l'entrée en guerre, aux côtés des Alliés, de l'Italie dont le Gouvernement avait proclamé, du haut du Capitole, que son pays fera la politique de l'égoïsme sacré. De là, le malentendu et les difficultés que la Conférence de la Paix doit résoudre.

***

Nos revendications nationales ont été, dans une large mesure, prises en considération par les Alliés.

Autant que nous le savons, nous avons été délimités avec nos amis Roumains, non pas dans des conditions idéales pour les Yougoslaves, mais toujours dans des conditions acceptables. On nous délimitera avec les Magyars, de manière qu'il restera chez eux de nos frères de race, et qu'il y aura en même temps des Magyars chez nous. J'ai peur que du côté de l'Autriche allemande nous ne soyions grandement endommagés, ce que on regretterait vivement un jour. J'ai peur aussi que, par là, une injustice criante ne fût commise que de ce fait nos frères Slovènes seront, pour ainsi dire, écartelés: en effet, n'ayant subi jusqu'à aujourd'hui que la domination germanique et dans une petite mesure magyare, ils seront répartis, dans l'avenir, entre quatre dominations (allemande, italienne, magyare, yougoslave). Cette injustice sera d'autant plus tragique qu'ils ont eu à supporter, à travers les siècles, le plus lourd poids de la poussée germanique.

On est sur le point de nous délimiter aussi du côté de la Bulgarie. Les Bulgares nous ont fait tant de mal. Je ne dépenserai pourtant pas un mot pour les noircir, puisqu'ils se sont noircis eux-mêmes. Ils sont le seul peuple des Balkans qui ne se soit pas affranchi par lui-même. Les Serbes, les Russes, et les Roumains ont aidé les Bulgares dans l'œuvre de leur émancipation et ont versé des flots de leur sang pour les affranchir du joug ottoman. Cette émancipation a été saluée avec de vives sympathies par les Anglais, les Français et par tous les Gouvernements démocratiques. Seuls, les Allemands ne se sont jamais intéressés à eux. Le seul peuple dont ils ont horriblement souffert a été le Turc, et malgré tout, au moment décisif, les Bulgares se sont rangés avec leur roi félon aux côtés des Allemands et des Turcs, et contre leurs meilleurs amis. Malgré tout ceci et malgré la traîtrise renouvelée avec laquelle les Bulgares nous ont attaqués pour la seconde fois en deux ans au moment le plus tragique de notre histoire, nous ne demandons de leur côté que des rectifications de frontières capables de nous protéger, et en vue surtout de protéger les grandes artères que présentent nos lignes de chemins de fer d'intérêt, non seulement serbo-bulgare, mais européen.

Je ne vous parle pas de nos rapports avec la Grèce, celle-ci ayant été et étant notre alliée.

Je ne vous dirai qu'un mot de nos délimitations avec l'Albanie. Les Albanais, d'une manière générale, se sont comportés assez convenablement à notre égard, et surtout pendant notre douloureuse retraite à travers leur pays. Leur chef, le général Essad Pacha, a été d'une correction que les Alliés ne pourront pas oublier. De plus, il a combattu sur le front d'Orient aux côtés des Armées Alliées.

J'arrive au point le plus délicat de cet exposé. Je dois vous parler de nos futurs rapports avec l'Italie. J'appartiens à une génération qui a été élevée dans l'admiration de l'Italie et de ses grands hommes tels que Mazzini, Garibaldi, Cavour, Mancini, etc.

Nous avons pensé et nous pensons aujourd'hui encore, malgré tout ce que nous voyons, que le peuple italien est conscient des obligations morales qu'il porte sur ses épaules en se proclamant descendant du citoyen romain. Nous avons toujours espéré que nous n'aurons jamais de difficultés avec l'Italie, et cet espoir n'a été ébranlé que le jour où M. Salandra a proclamé la politique de l'égoïsme sacré. Ce jour-là j'ai eu un grand frisson et, cherchant à m'expliquer à moi-même ce profond changement, je n'ai pu y trouver d'autre raison que l'emprise germanique sous laquelle l'Italie a vécu pendant ce dernier demi-siècle. Certainement l'Italie retournera un jour à ses véritables sentiments, mais nous sommes obligés de la défendre aujourd'hui pour ainsi dire contre elle-même, ou au moins contre certaines tendances de ses dirigeants. Nous ne pouvons pas admettre que l'Italie se décidera à fouler aux pieds les principes auxquels elle doit sa renaissance et son unité nationale. Nous croyons fermement qu'elle aussi reconnaîtra la force du principe des nationalités, principe qui est à la base de la démocratie et qui, au fond, n'a qu'une seule tâche, celle de respecter la volonté des individus et des peuples, principe qui nous sépare le plus nettement des conceptions teutonnes, d'après lesquelles l'individu ne compte pour ainsi dire pas, étant absorbé et diminué par l'Etat.

La délimitation entre l'Italie et nous est facile à tracer, elle est indiquée par la nature même, et non pas seulement par les limites ethniques. Dante l'avait déjà fixée. Nos amis italiens compliquent et embrouillent cette tâche en y introduisant les arguments historiques, stratégiques, géographiques, etc. Je ne veux pas retenir votre attention en discutant, devant vous, ces différents arguments dont aucun n'égale de loin le principe de la volonté des habitants en question. Les populations, sur notre côte de l'Adriatique et sur les îles, ne veulent pas se réunir à l'Italie. A travers les siècles, nous n'avons pas lutté contre les Byzantins pour devenir Turcs, contre les Turcs pour devenir Autrichiens. Et nous n'avons pas lutté contre ces derniers pour devenir Italiens. Le fait que certains de nos compatriotes, dans les villes dalmates, parlent l'italien, ne prouve pas grand'chose. En effet, ils ne sont au plus que 3 à 4 o/o de la population. Et, à ce propos, il m'est agréable de vous citer une spirituelle réplique du président Wilson à une observation de ce genre faite par M. Sonnino, quand ce dernier a invoqué, devant le Président des Etats-Unis, le fait qu'il y ait à Zara 20.000 italianisants. Ce dernier lui a répliqué : « Faites attention, Monsieur le Ministre, vous commencez à m'effrayer, il y en a un million à New-York » !

⁂

On a mis dans la tête du peuple italien que Fiume était une ville italienne, après que dans le fameux pacte de Londres (avril 1915) M. Sonnino, lui-même, avait reconnu le caractère croate de cette ville. Le caractère de l'italianité actuelle de la ville de Fiume sera compris le mieux, si je vous dis que, d'après la statistique officielle de 1848, il y a eu, dans cette ville, à peu près 800 italiens sur une population de 10.000. La prédomination italienne à Fiume est due à la politique magyare du dernier demi-siècle, consistant à comprimer, dans la mesure du possible, l'élément croate en le remplaçant par un autre plus maniable, pour le moment italien, en attendant que ce dernier eut été substitué par les Magyars ou par les Allemands. Mais la principale raison pour laquelle le Gouvernement italien insiste aujourd'hui à accaparer Fiume, n'est point d'ordre ethnique, elle est plutôt de celui d'économie politique. Et c'est M. Luzzati en personne, un des hommes les plus estimés et les plus qualifiés de l'Italie moderne qui a trahi cette raison: l'Italie désire avoir Fiume parce qu'elle craint — et peut-être avec raison — que, restant croate, ce port fera une telle concurrence à celui de Trieste que ce dernier en périra, et ceci d'autant plus qu'il sera déjà en rivalité avec Venise. Regardez, pourtant, Messieurs, la carte qui est devant vous: Fiume, comme port, doit avoir une fonction. Cette fonction est tout entière au service des pays yougoslaves. Fiume doit être le port de sortie des produits agricoles, miniers, etc., de la Croatie, de la Bosnie, de la Serbie, de la Slavonie, du Banat, ainsi que de la Roumanie et de la Hongrie. Elle doit, en même temps, être le port d'entrée pour les marchandises et pour l'industrie du monde entier dirigées vers nos pays. La mer Adriatique doit être une mer libre et rester telle. Dans le cas contraire, nous serions obligés de guetter la première occasion pour nous affranchir des entraves faites à notre liberté de mouvement. Et nous y parviendrions. Un sage, dont le nom m'échappe en ce moment-ci, a écrit quelque part un jour, qu'il n'y avait rien au monde d'aussi dangereux qu'une cause juste dans des mains faibles. Nous serons surtout plus faibles physiquement dans un conflit avec l'Italie, mais notre cause est et sera juste, à tel point qu'elle nous vaudra la sympathie et, avec le temps, le concours de tous les peuples aimant le droit et la justice. A quoi bon entrer dans la nouvelle vie qu'on doit inaugurer à Versailles, avec cette sombre perspective? Ne vaut-il pas mieux aller droit dès aujourd'hui, ne vaut-il pas mieux asseoir la nouvelle Société des Nations sur les principes de véritable justice, en tenant compte de tous les désirs raisonnables des peuples qui ont lutté ensemble sous le même drapeau et pour le même idéal ?

Je sais d'avance que j'ai votre entier assentiment pour une telle politique, puisqu'elle a toujours été celle de votre grand et généreux pays. Je vous prie de la préconiser dans vos milieux, et je m'excuse d'avoir retenu aussi longtemps votre attention. Je vous remercie en même temps de l'indulgence avec laquelle vous avez suivi mon exposé.

L'Émancipatrice, 3, rue de Pondichéry, Paris. — 20510-6-19.

www.ingramcontent.com/pod-product-compliance
Ingram Content Group UK Ltd.
Pitfield, Milton Keynes, MK11 3LW, UK
UKHW032039260826
14628UKWH00007B/3071

9 782016 195116